新新世纪 ◎ 编

藏在古文观止里的

那些事儿 ⑩ 明文

新疆生产建设兵团出版社

《古文观止》中的
那些 经典语句

宋 濂 长江如虹贯，蟠绕其下。

◎《阅江楼记》

刘 基 又何往而不金玉其外，败絮其中也哉？

◎《卖柑者言》

方孝孺 钓名沽誉，眩世炫俗，由君子观之，皆所不取也。

◎《豫让论》

宗 臣 人生有命，吾惟守分而已。

◎《报刘一丈书》

归有光　士之欲垂名于千载，不与其澌然而俱尽者，则有在矣。

◎《沧浪亭记》

王世贞　所以能完赵者，天固曲全之哉！

◎《蔺相如完璧归赵论》

袁宏道　无之而不奇，斯无之而不奇也。

◎《徐文长传》

目 录

明文

不负韶华行且知

宋濂

　　宋濂，明初文学家，字景溪，号潜溪，浦江（今浙江金华）人。自幼好学，早年师从散文大家吴莱、柳贯等人，元至正九年（1349）被荐为翰林编修，他推辞不入职，隐居山中。朱元璋称帝后，任命他为文学顾问、江南儒学提举，给太子讲经。洪武二年（1369）奉旨修《元史》。晚年受孙子宋慎牵连被贬茂州（今四川茂县），途中病故。长于散文，被明太祖称为"开国文臣之首"。

阅江楼记

金陵是帝王的住处，从六朝到南唐，在这里定都的君主大都是偏安一方，不能同这里山川间蕴含的帝王之气相适应。到了我朝皇帝定都于此，才足以与这王气相称。从此声威和教化到达的地方，不分南北，神明前来定居，气象淳和清明，与天地融为一体；即使是一次游赏一次娱乐，也足以为天下后世所效法。京城的西北有座狮子山，从卢龙山弯弯曲曲地延伸过来，长江如虹霓一样在它下面盘曲环绕。皇上因为这个地方雄伟壮丽，下令在山顶建起高楼，同百姓一道享受游览江山的乐趣，于是赐给了它一个美妙的名字，叫作"阅江楼"。

登临游览的那一瞬间，万千景象便依次地罗列开来，金陵上千年来被称为帝王之州的奥秘，豁然显露出来。这难道不是天造地设，来等待一统天下的君主，届时展示千秋万代的雄伟景观吗？每当风和日丽的时候，天子的车驾亲临此地，他登上这高高的山顶，倚着栏杆向远方眺望，一定会悠然心动而引发遐想。看到江汉之水向东流入大海，万国诸侯来此汇报工作，看到城池的高深，关塞的牢固，一定会说："这都是我顶风冒雨，战胜攻取才得到的啊。中华大地如此广阔，更感到要想办法去保全它。"看到波涛浩浩荡荡，风帆上下往来，番邦的船只接连不断地前来朝见，蛮族的珍宝络绎不绝地贡入京师，一定会说："这是我用恩德安抚，用威严震慑，恩泽遍及四海内外才达到的啊。如今四方的边境如此遥远，更感到要想办法去以怀柔的方式笼络那里的人们。"看到长江两岸，京师四郊的原野之上，种田的人有烈日炙烤皮肤、寒风<ruby>皲<rt>jūn</rt></ruby>裂手脚的劳苦；农家妇女有采

摘桑叶、给田里人送饭的辛勤，一定会说："这是我把他们从水火中拯救出来，安置在床席上的啊。对于天下的百姓，更感到要想办法使他们过上安定的生活。"触及类似的事情，就会引发联想，不只是在某一两个方面。我知道这座楼的建造，是皇上用来振奋精神，借外物来引起各种各样的感想的，无处不寄寓着他要让天下得到大治的思想，哪里仅仅是为了观赏长江呢？

那临春楼、结绮^{qǐ}楼，不是不华丽啊；那齐云楼、落星楼，也不是不高峻啊。然而它们不过是用来演奏靡^{mǐ}靡之音，藏匿燕、赵的艳丽女子的地方，都是没有多久就成为陈迹，让人们慨叹罢了，我不知道应当怎样来解释这些事情。虽然如此，那长江发源于岷^{mín}山，曲曲折折地流经了七千多里才注入大海，白浪汹涌，碧波翻腾，六朝的时候，往往依靠它做天然的壕堑^{háo qiàn}。如今南北一家，它也被看作是平静安宁的水流，没有什么战事上的意义了。那么，这究竟是谁的力量呢？读书人登上这座高楼而去看这江，他们应当感念皇上的恩德有如苍天一样，广阔浩大而难以形容，可与大禹疏浚^{jùn}江河的功劳相等同，是无穷无尽的。此情此景，忠君报主的心情，怎能不油然而生呢？

我为人愚钝，奉了圣旨来撰写这篇记，希望借此列述主上日夜辛勤、励精图治的功业，铭刻在精美的碑石上面。至于那些流连风光景物的词句，都省略而不再陈说，怕亵^{xiè}渎了主上建造这座楼的本意啊！

原文欣赏

　　金陵①为帝王之州，自六朝②迄qì于南唐，类皆偏据一方，无以应山川之王气。逮我皇帝，定鼎于兹，始足以当之。由是声教所暨jì③，罔wǎng④间朔shuò南，存神穆清，与天同体，虽一豫一游，亦可为天下后世法。京城之西北，有狮子山，自卢龙蜿蜒而来，长江如虹贯，蟠绕其下。上以其地雄胜，诏建楼于巅，与民同游观之乐，遂锡嘉名为"阅江"云。

　　登览之顷，万象森列，千载之秘，一旦轩露。岂非天造地设，以俟大一统之君，而开千万世之伟观者欤？当风日清美，法驾⑤幸临，升其崇椒⑥，凭阑遥瞩，必悠然而动遐思。见江汉之朝宗，诸侯之述职，城池之高深，关阨è⑦之严固，必曰："此朕栉zhì风沐雨⑧，战胜攻取之所致也。"中夏之广，益思有以保之。见波涛之浩荡，风帆之上下，番舶接迹而来庭，蛮琛联肩而入贡，必曰："此朕德绥威服，覃tán⑨及内外之所及也。"四陲之远，益思有以柔之。见两岸之间、四郊之上，耕人有炙肤皲⑩足之烦，农女有捋桑行馌yè⑪之勤，必曰："此朕拔诸水火，而登于衽rèn⑫席者也。"万方

之民，益思有以安之。"触类而思，不一而足。臣知斯楼之建，皇上所以发舒精神，因物兴感，无不寓其致治之思，奚止阅夫长江而已哉！

彼临春、结绮，非不华矣；齐云、落星，非不高矣，不过乐管弦之淫响，藏燕、赵之艳姬，一旋踵⑬间而感慨系之，臣不知其为何说也。虽然，长江发源岷山，<ruby>委蛇<rt>wēi yí</rt></ruby>七千余里而入海，白涌碧翻，六朝之时，往往倚之为天堑。今则南北一家，视为安流，无所事乎战争矣。然则果谁之力欤？逢<ruby>掖<rt>yè</rt></ruby>之士，有登斯楼而阅斯江者，当思圣德如天，荡荡难名。与神禹疏凿之功同一罔极。忠君报上之心，其有不油然而兴耶？

臣不敏，奉旨撰记。欲上推宵<ruby>旰<rt>gàn</rt></ruby>⑭图治之功者，勒诸贞<ruby>珉<rt>mín</rt></ruby>。他若留连光景之辞，皆略而不陈，惧亵也。

注释

① 金陵：今江苏南京。② 六朝：即吴、东晋、宋、齐、梁、陈六朝，皆建都于今江苏南京。③ 暨：及，到。④ 罔：无，没有。⑤ 法驾：天子的车驾。⑥ 椒：山巅。⑦ 阨：险要的地方。⑧ 栉风沐雨：以风梳头，以雨洗发，形容不避风雨，奔波劳碌。⑨ 覃：延长。⑩ 皲：手足的皮肤冻裂。⑪ 饁：给在田里耕种的人送饭。⑫ 衽：床席。⑬ 旋踵：掉转脚跟，比喻时间极短。⑭ 宵旰：宵衣旰食，即天不亮就穿衣起床，天晚了才吃饭歇息。

写作技巧

文章写作思路

1. 首段
① 叙述金陵的山川王气，引出对皇帝的歌颂
②写阅江楼的兴建

2. 次段
详写皇帝登楼的所见与所思

3. 第三段
①引起对历史陈迹的回顾
②又回到对大明皇帝的赞颂

4. 尾段
①补叙作文主旨不在留连光景
②启迪读者探究内涵深意

刘基

　　刘基，字伯温，谥曰文成，青田县南田乡（今属浙江温州文成县）人，故时人称他"刘青田"，明洪武三年（1370）封诚意伯，人们又称他"刘诚意"。武宗正德九年（1514）被追赠太师，谥文成，后人又称他刘文成、文成公。元末明初军事家、政治家及诗人，通经史、晓天文、精兵法。他以辅佐朱元璋完成帝业、开创明朝并尽力保持国家的安定而驰名天下，被后人比作诸葛武侯。著有《诚意伯文集》二十卷。

卖柑者言

杭州有个卖水果的人，善于贮藏柑子。他贮藏的柑子经过严寒酷暑也不腐烂，拿出来仍然是光彩鲜艳，有着像玉石一样的质地、黄金般的颜色。可是把柑子剖开一看，里面却干枯得像破旧的棉絮。我很奇怪，就问他："你卖给人家的柑子，是要使它来充实人家的器皿，去供奉神灵、招待宾客呢，还是只想炫耀它的外表，用来迷惑傻子和瞎子呢？你这种欺骗手段也太过分了！"

卖水果人笑着说："我干这行当已经多年了，我依靠这行当来养活自己。我卖这些柑子，人家买它，从来没有听到过有什么议论，为什么唯独不能满足您的需要呢？世上耍弄欺骗手段的人不算少呀，仅仅是我一个人吗？您没有考虑过这些吧。现在那些佩虎符、坐在虎皮椅上的人，看那威武的样子，好像是真能保卫国家的将才，可当真能够拿出孙武、吴起那样的韬略吗？那些峨冠博带的文臣，看那气宇不凡的样子，好像真的是在朝廷之上辅佐君王的重臣，可他们当真都能够建立像伊尹（yīn）、皋（gāo）陶那样的功业吗？盗匪四起却不知如何治理，百姓困苦却不知如何解救，官吏作奸犯科却不知如何禁止，法制败坏却不知如何整饬（chì），白白地耗费国家的粮食却不感到羞耻。看他们坐在高堂之上，骑着高头大马，沉醉在美酒当中，饱食大鱼大肉，哪一个不是看起来高不可攀，使人敬畏，光明磊落，值得人们效法呀？然而他们又何尝不是些外表像金玉、内容却像破絮的人呢！今天您对这些都视而不见，却来挑剔我的柑子！"

我沉默无语，不能回答。回来想想他这番话，觉得他像是东方朔那样诙谐善辩的一类人。难道他是个愤恨世道、痛恶奸邪的人而假借柑子来进行讥讽？

原文欣赏

　　杭①有卖果者，善藏柑。涉寒暑不溃，出之烨(yè)然②，玉质而金色。剖其中，干若败絮。予怪而问之曰："若所市于人者，将以实笾(biān)豆，奉祭祀，供宾客乎？将衒(xuán)外以惑愚瞽(gǔ)乎③？甚矣哉，为欺也！"

　　卖者笑曰："吾业是有年矣，吾赖是以食吾躯。吾售之，人取之，未闻有言，而独不足子所乎？世之为欺者不寡矣，而独我也乎？吾子未之思也。今夫佩虎符、坐皋比者，洸(guāng)洸乎干城之具也④，果能授孙、吴之略耶⑤？峨大冠，拖长绅者，昂昂乎庙堂⑥之器也，果能建伊、皋之业耶⑦？盗起而不知御，民困而不知救，吏奸而不知禁，法斁(dù)而不知理，坐糜廪(mí lǐn)粟而不知耻。观其坐高堂，骑大马，醉醇醴(chún lǐ)而饫(yù)肥鲜者⑧，孰不巍巍乎可畏、赫赫乎可象也？又何往而不金玉其外，败絮其中也哉？今子是之不察，而以察吾柑！"

　　予默默无以应。退而思其言，类东方生滑稽^⑨之流。岂其忿^{fèn}世嫉邪者耶？而托于柑以讽耶？

注释

① 杭：指杭州。② 烨然：光彩鲜明的样子。③ 衒：炫耀，卖弄。瞽：瞎子。
④ 洸洸：威武的样子。干城：盾牌和城墙，指保卫国家。⑤ 孙、吴：指战国时的名将孙武和吴起。⑥ 庙堂：朝廷。⑦ 伊、皋：指商代的名臣伊尹和舜时的名臣皋陶。⑧ 醴：甜酒。饫：饱食。⑨ 滑稽：指幽默机智，能言善辩。

写作技巧

文章写作思路

写杭州卖柑者的柑橘表面看很好，但本质不好，应验"金玉其外，败絮其中"

1. 首段

2. 次段

卖柑者的自辩，用"笑曰"二字描绘卖柑者的可鄙与欺世盗名

3. 尾段

以两个问句结尾，有所寄托，余韵悠长

方孝孺

　　方孝孺，字希直，宁海（今浙江象山）人，号逊志，人称"正学先生"。他师从宋濂，洪武二十五年（1392）授汉中府教授。建文朝历官翰林侍讲、文学博士。他力主复古改制，对建文朝政影响较大。燕王朱棣起兵，他辅佐建文帝与燕王对抗。燕王夺位后，命他起草登基诏书，他誓死不从而被杀。

豫让论

　　士人君子要想立身于世，侍奉君主，既然被称作知己，就应当竭尽自己的智慧和谋略，忠诚地劝告，巧妙地开导，在祸患没有形成以前就消除它，在动乱发生之前就维护社会的安定，使自己得到保全，使君主没有危险。在世的时候是一代名臣，死了之后成为尊贵的鬼魂，荣誉流传百代，光辉照耀史册，这才是值得赞美的。如果遇到知己，却不能在灾祸发生前匡扶危乱，而是在失败之后献身自尽，沽名钓誉，迷惑世人，向世俗夸耀；这在君子看来，都是不可取的。

因此我曾按这个标准评论过豫让。豫让做智伯的家臣，等到赵襄子杀了智伯之后，豫让为他报仇，声名烈烈，即使是那些没有知识的平民百姓，也没有不知道他是忠臣义士的。唉！豫让的死固然算是忠义之举，可惜他这种死的方式还存在不忠的成分。为什么这样说呢？他漆身吞炭，改变了容貌声音之后，对他的朋友说："我要做的事情是极难的，将要使天下后世那些身为人臣却怀有二心的人感到惭愧。"这能说他不忠吗？他连续三次跳起来，用剑斩赵襄子的衣服，赵襄子责备他不为中<ruby>行<rt>háng</rt></ruby>氏而死，却唯独替智伯而死的时候，豫让回答说："中行氏把我当作一般人看待，所以我用一般人的行为报答他；智伯把我当作国士看待，所以我用国士的行为报答他。"就这方面来评论，豫让就有不足之处了！

段规侍奉韩康子，任章侍奉魏献子，也没听说韩康子、魏献子把他们当国士看待，可段规、任章却极力奉劝他们的主人答应智伯的无理要求，给智伯土地使其意志骄傲，从而加速智伯的灭亡。<ruby>郗疵<rt>xī cī</rt></ruby>侍奉智伯，智伯也不曾把他当国士看待，可是郗疵却能够洞察韩、魏的实际企图来劝谏智伯。虽然智伯不肯采纳他的意见因而招致灭亡，然而郗疵献出了他的智谋和忠告，已经是无愧于心了。豫让既然说智伯是把自己当国士一样地看待，而国士是能够匡济国家危难的人。当智伯贪得无厌地向别国索地的时候，放纵私欲、荒淫暴虐的时候，豫让应当贡献才力，尽到自己的职责，恳切地劝告智伯说："诸侯大夫，各自安守自己的封地，不要互相侵夺，这是自古以来的规矩。现在我们无缘无故地向别人索取土地，人家不给，必定产生愤恨之心；如果给了，骄横之心必定会因此而滋长。愤恨就一定会去争夺，争夺就一定会造成失败；骄横就一定会使自己目中无物，目中无物就一定会亡国。"恳切真挚地劝谏，一次不听，再劝谏他；再劝谏不听，就第三次劝谏他；三次劝谏不听，就把自己伏剑自杀的时间移到这一天。智伯虽然愚钝无知，但因为被他的至诚感动，也许会重新醒悟，同韩、魏两家和好，解除对赵氏的围困，保全智氏的宗族，使智氏宗庙中的香火供奉不至于断绝。如果这样，那么豫让是虽死犹生，难道不比那斩衣而死强吗？但豫让在这个时候，却不曾说过一句话去开导主人的思想，他看着智伯的危亡，就像越国人看秦国人的胖瘦一样啊，只是袖手旁观，坐待成败。国士对于主上的报答，何曾是这样的呢？智伯已经死了，却禁不住一时的血气冲动，情愿把自己加入到刺客一类人的行列里，这有什么值得称道的呢？这有什么值得称道的呢？

虽然这样，以国士而论，豫让固然是不够标准的。但那些早晨是仇敌，晚上就变成了君臣，厚着脸皮自以为得意的人，就又是豫让的罪人了！唉！

士君子立身事主，既名知己，则当竭尽智谋，忠告善道，销患于未形，保治于未然，俾身全而主安。生为名臣，死为上鬼，垂光百世，照耀简策，斯为美也。苟遇知己，不能扶危于未乱之先，而乃捐躯殒命于既败之后，钓名沽誉，眩世炫俗，由君子观之，皆所不取也。

盖尝因而论之。豫让①臣事智伯，及赵襄子杀智伯，让为之报仇，声名烈烈，虽愚夫愚妇莫不知其为忠臣义士也。呜呼！让之死固忠矣，惜乎处死之道有未忠者存焉。何也？观其漆身吞炭②，谓其友曰："凡吾所为者极难，将以愧天下后世之为人臣而怀二心者也。"谓非忠可乎？及观斩衣三跃，襄子责以不死于中行氏而独死于智伯，让应曰："中行氏以众人待我，我故以众人报之；智伯以国士待我，我故以国士报之。"即此而论，让有余憾矣。段规之事韩康，任章之事魏献，未闻以国士待之也，而规也、章也，力劝其主从智伯之请，与之地以骄其志，而速其亡也。郄疵之事智伯，亦未尝以国士待之也，而疵能察韩、魏之情以谏智伯，虽不用其言以至灭亡，而疵之智谋忠告，已无愧于心也。让既自谓智伯待以国士矣，国士，济国之士也。当伯请地无厌之日，纵欲荒暴之时，为让者，正宜陈力就列，谆③谆然而告之曰："诸侯大夫，各安分地，无相侵夺，古之制也。今无故而取地于人，人不与，而吾之忿心必生；与之，则吾之骄

心以起。忿必争，争必败，骄必傲，傲必亡。"谆切恳告，谏不从，再谏之；再谏不从，三谏之；三谏不从，移其伏剑之死，死于是日。伯虽顽冥不灵，感其至诚，庶几复悟，和韩、魏，释赵围，保全智宗，守其祭祀。若然，则让虽死犹生也，岂不胜于斩衣而死乎？让于此时，曾无一语开悟主心，视伯之危亡犹越人视秦人之肥瘠^{jí}也。袖手旁观，坐待成败，国士之报曾若是乎？智伯既死，而乃不胜血气之悻^{xìng}悻④，甘自附于刺客之流，何足道哉？何足道哉？

虽然，以国士而论，豫让固不足以当矣。彼朝为仇敌，暮为君臣，靦^{tiǎn}然⑤而自得者，又让之罪人也。噫^{yī}！

注释

① 豫让：晋国侠客毕阳的孙子。他最初投于晋国贵族范氏、中行氏门下，因为不得重用，于是改投智伯门下。智伯为赵襄子所杀后，豫让曾两次计划为智伯报仇，均未成功。第二次刺杀未遂后，他被赵襄子的侍从包围起来，无奈之下，他请求赵襄子将衣服脱下来让他刺几剑以成全他，刺完后他便伏剑自杀了。② 漆身吞炭：豫让第一次行刺未遂，赵襄子把他释放了，但他继续图谋为智伯报仇，于是将全身涂上漆，吞下炭，改变自己的声音容貌，准备第二次行刺。③ 谆谆：恳切耐心的样子。④ 悻悻：恼怒怨恨。⑤ 靦然：厚颜无耻的样子。

写作技巧

文章写作思路

1. 首段
提出"士君子立身事主"的原则以及中心论点：销患于未形

2. 次段
① 将豫让与段规、任章对比，论证豫让的死不值得称道

② 又为豫让设计一整套对智伯进行规劝的方案

3. 尾段
补充肯定豫让，抑扬得体，评论公允

宗臣

宗臣，字子相，号方城山人，扬州兴化（今属江苏）人。嘉靖二十九年（1550）进士，初授刑部主事，改吏部考功郎，因作文祭悼被迫害致死的杨继盛而得罪权臣严嵩，被贬为福州布政使参议。后因率众击退倭寇有功，迁提学副使。他能诗善文，著有《宗子相集》。

报刘一丈书

　　几千里以外，时常得到您老人家的来信，安慰我长久思念之心，已经是十分幸运的事情了；怎能更劳您<ruby>馈<rt>kuì</rt></ruby>赠礼品，这叫我更用什么来报答您啊！您的书信中情意甚是殷切，可见您没有忘记我的老父亲，也明白了我的老父亲为什么这样深深想念您。

　　至于信中用"上下之间要互相信任，才能与品德要与职位相称"的话来教导我，我有非常深的感触。我的才能品德与职位不相称，我自己本来就知道这一点的；至于上下互不信任这一弊病，则在我身上表现得尤为突出。再说，现今所讲的"信

任"是什么呢？那就是：一个人从早到晚骑着马恭候在当权者的门口，看门的人故意不进去通报时，就甜言蜜语并且做出女人一样的媚态，把藏在袖子里的银钱拿出来偷偷塞给他。等看门人拿了名帖进去通报了，可是主人又不立刻出来接见，自己只好站在马棚里的仆人和马匹中间，臭气熏着衣袖，即使饥饿寒冷或闷热到难以忍受，也不肯离开。到了太阳落山的时候，先前收了赂金的看门人出来，对他说："相公疲倦了，今日谢客。请客人明日再来。"到了第二天，自己又不敢不来。从头天夜里开始就披着衣服坐着，听到鸡叫便起来梳洗，然后骑马跑去推门。守门人发怒问："是哪个？"他回答说："就是昨天来的那一个。"守门人又怒气冲天地说："客人为什么这样勤快呢？难道相公会在这个时候出来见客吗？"他心里感到受了羞辱，但还是强忍着对看门人说："没有办法呀，姑且让我进去吧。"守门人于是又得了他的银钱，就起身让他进来，他于是还是站在昨天站过的马棚里。幸好主人出来，朝南坐着召见他。他战战兢兢地走进来，匍匐在台阶下。主人说："进来！"他就拜了两拜，故意迟迟不起来，起来以后便献上进见的礼物。主人故意不接受，他就再三请求，主人故意再三不接受，他又再三请求。然后主人叫手下将礼物收了起来。他就又拜了两拜，又故意迟迟不起来，起来后又作了五六个揖，然后才退出来。出来后，他给看门人作揖说："请官人多多关照！以后再来，请不要阻拦我啊！"看门人回了他一个揖。他喜出望外地跑出来，骑马碰到了相识

的人，就扬着马鞭子得意地说："刚刚从相公家出来，相公很看重我，很看重我！"并且夸大其词地说起自己如何受到厚待。即便是与他相识的人，也因为相公看重他而对他产生了敬畏之心。相公又间或地向人提起："某人不错啊！某人不错啊！"听到的人便挖空心思地交口称赞他。这就是现在世上所说的"上下之间互相信任"吧。您老人家认为我能这样做吗？

前面提到的当权的人，我除了过年过节投上一个名帖以外，就常年不去了。偶然路经他的门前，便捂了耳朵，闭上眼睛，催马疾驰而过，就好像有人追赶我一样。这就是我狭隘的心胸，我也为此长久地不被上司喜欢；但我却更加不管不顾，并且常常夸口说："人各有命，我只是安守自己的本分罢了！"您老人家听了这番话，不会讨厌我的迂阔不通情吧？

数千里外，得长者时赐一书，以慰长想，即亦甚幸矣；何至更辱馈遗^{wèi}①，则不才益将何以报焉？书中情意甚殷，即长者之不忘老父，知老父之念长者深也。

至以"上下相孚②，才德称位"语不才，则不才有深感焉。夫才德不称，固自知之矣；至于不孚之病，则尤不才为甚。

且今之所谓孚者何哉？日夕策马，候权者之门，门者故不入，则甘言媚词作妇人状，袖金以私之。即门者持刺③入，而主人又不即出见，立厩^{jiù}中仆马之间，恶气袭衣袖，即饥寒毒热不可忍，不去也。抵暮，则前所受赠金者出，报客曰："相公倦，谢客矣，客请明日来。"即明日又不敢不来。夜披衣坐，闻鸡鸣即起盥^{guàn}栉④，走马推门，门者怒曰："为谁？"则曰："昨日之客来。"则又怒曰："何客之勤也！岂有相公此时出见客乎？"客心耻之，强忍而与言曰："亡奈何矣，姑容我入。"门者又得所赠金，则起而入之。又立向所立厩中。幸主者出，南面召见，则惊走匍匐阶下。主者曰："进！"则再拜，故迟不起，起则上所上寿金。主者故不受，则固请，主者故固不受，则又固请，然后命吏纳之，则又再拜，又故迟不起，

起则五六揖始出。出揖门者曰："官人幸顾我，他日来，幸无阻我也！"门者答揖，大喜，奔出。马上遇所交识，即扬鞭语曰："适自相公家来，相公厚我！厚我！"且虚言状。即所交识亦心畏相公厚之矣。相公又稍稍语人曰："某也贤，某也贤。"闻者亦心计交赞之。此世所谓上下相孚也。长者谓仆能之乎？

　　前所谓权门者，自岁时伏腊一刺之外，即经年不往也。间道经其门，则亦掩耳闭目，跃马疾走过之，若有所追逐者。斯则仆之<ruby>褊<rt>biǎn</rt></ruby>衷⑤。以此长不见悦于长吏，仆则愈益不顾也。每大言曰："人生有命，吾惟守分而已。"长者闻之，得无厌其为迂乎？

注释

①馈遗：赠送。②孚：信任。③刺：谒见时所用的名片。④盥栉：梳洗。
⑤褊衷：狭隘的心胸。

写作技巧

文章写作思路

1. 首段
先对长者的馈赠行为表示感谢

2. 次段
围绕"上下相乎,才德称位"表达感慨

3. 第三段
形象表现官场趋炎附势的猥琐丑态,并对"上下相乎,才德称位"提出质疑

4. 尾段
写作者平日对待上司的态度,体现作者自身风骨,二者清浊分明

归有光

归有光，字熙甫，号震川，昆山（今属江苏）人，世称震川先生。明朝文学家。嘉靖年间进士，官至南京太仆寺丞。推崇唐宋作家，反对当时文坛领袖王世贞的"文必秦汉"的拟古形式主义文风，主张取法唐宋，使当时的文风有所转变，并对后世产生了一定的影响。著有《震川文集》四十卷。

沧浪亭记

　　僧人文瑛(yīng)住在大云庵，四面环水，就是苏子美筑沧浪亭的地方。他多次求我写一篇《沧浪亭记》，说："从前苏子美写的《沧浪亭记》，记述的是沧浪亭的优美风景，请你记下我修建这个亭子的缘由吧。"

　　我说："从前吴越国存在的时候，广陵王镇守苏州，在内城的西南修了一座园子，他的外戚孙承佑在那旁边也修了座园子。到后来吴越的土地被纳入了宋朝的版图，这座园林仍旧没有废弃。当初苏子美曾在这里筑起了沧浪亭，后来又有僧人住在这里，这沧浪亭就变成了大云庵。从有大云庵到现在已经两百年

　　了，文瑛寻访古代的遗迹，在荒芜残破的废墟上，重新建起了苏子美的沧浪亭，这大云庵则又变成了沧浪亭。古今不断变迁，朝廷、都市常常更改。我曾经登上姑苏山的姑苏台，眺望烟波浩渺的五湖，树木苍翠的群山。那太伯、虞仲所建立的国家，阖闾、夫差所争夺的霸权，子胥、文种、范蠡所经营的盛世，如今都已经变成过眼烟云了，这大云庵和沧浪亭又算得了什么呢？虽然是这样，钱镠[liú]趁着乱世窃取了王位，占有吴越之地，国富兵强，延续了四代，他的子孙和亲戚，趁着这机会开始了奢侈糜烂、巧取豪夺的生活，宫馆园林的修建，在当时可谓是盛行到了极点。然而只有苏子美的沧浪亭，才被佛教徒钦佩敬重到这个地步。可见士人要传留美名于千年之后，不像冰块那样很快就消失得无影无踪，那得是另有德行存在啊。"

文瑛喜欢读书作诗，跟我们交游，我们叫他沧浪僧。

浮图①文瑛，居大云庵，环水，即苏子美②沧浪亭之地也。亟（jí）求余作《沧浪亭记》，曰："昔子美之记，记亭之胜也，请子记吾所以为亭者。"

余曰："昔吴越有国时，广陵王镇吴中③，治园于子城④之西南，其外戚孙承佑，亦治园于其偏。迨（dài）淮海纳土，此园不废。苏子美始建沧浪亭，最后禅者居之，此沧浪亭为大云庵也。有庵以来二百年，文瑛寻古遗事，复子美之构于荒残灭没之余，此大云庵为沧浪亭也。夫古今之变，朝市改易。尝登姑苏之台，望五湖之渺茫，群山之苍翠，太伯、虞仲之所建，阖闾、夫差之所争，子胥、种、蠡之所经营⑤，今皆无有矣，庵与亭何为者哉？虽然，钱镠因乱攘（rǎng）窃⑥，保有吴、越，国富兵强，垂及四世。诸子姻戚，乘时奢僭（jiàn），宫馆苑囿，极一时之盛。而子美之亭，乃为释子所钦重如此，可以见士之欲垂名于千载，不与澌（sī）然⑦而俱尽者，则有在矣。

文瑛读书喜诗，与吾徒游，呼之为沧浪僧云。

注释

① 浮图：指佛教徒，即和尚。② 苏子美：即苏舜卿，字子美，北宋文学家。曾修沧浪亭，并作《沧浪亭记》。③ 吴中：旧时对吴郡或苏州府的别称。④ 子城：即内城。⑤ 子胥、种、蠡：指伍子胥、文种和范蠡，伍子胥为吴王阖闾、夫差的大臣，后二人皆为越王勾践的大臣。⑥ 钱镠：吴越国的建立者。攘：窃取。⑦ 澌然：冰块溶解的样子。

写作技巧

文章写作思路

1. 首段
主要说明作此文的原因：僧人文瑛重建沧浪亭，请求归有光写文作记

2. 次段
主要记述沧浪亭多次发生变化的历史进程："园"到"亭"，"亭"到"庵"，"庵"到"亭"

3. 尾段
①抒发自己因园亭的变化而产生的感慨

②强调了读书人垂名于千载的特有原因

③表明自己淡泊名利的胸怀

王世贞

　　王世贞，字元美，号凤洲，又号弇^{yǎn}州山人，汉族，太仓（今江苏太仓）人，明代文学家、史学家。官至南京刑部尚书。好为古诗文，有《弇州山人四部稿》和《弇州山人续稿》传世。

蔺相如完璧归赵论

　　蔺相如保全了和氏璧，人们都称赞他，我却不敢苟同。

　　秦用十五座城的空名，欺骗赵国并且威胁它交出和氏璧。这时候，说秦国意在求取和氏璧确是实情啊，它并不是想以此来窥视赵国的江山。赵国如果了解秦国的真正用意就可以不给，不了解秦国的真正用意就给；知道了秦国的真正用意而惧怕它就给，不知道秦国的真正用意而不惧怕它就不给它。这只要两句话就解决了，为什么既然惧怕它却又要挑起它的怒气呢？

　　况且秦国想要得到这块璧，赵国不给它璧，双方都没有什么对与错。和氏璧到了秦国而秦国不给城，那就是秦国理亏；秦国让出城而和氏璧却被送回了赵国，那就是赵国理亏了。要想秦国理亏，就不如放弃和氏璧；如果怕失去了和氏璧，就不如不给。那秦王既然已经按照地图给了城，又设了九宾的大礼，斋戒后才来接受和氏璧，那情势看来是不会不给城了。如果接受了和氏璧却不给城，相如就可以上前请求说："我本来就知道大王是不会给城的。和氏璧不是赵国的璧吗？而那十五座城也是秦国所珍惜的啊。现在如果大王因为和氏璧的缘故放弃了这十五座城，那十五座城里的子民，就都会深深埋怨大王抛弃他们就像抛弃草芥一样。大王也可以不给城而骗走璧，为了一块璧而失信于天下；那么我也请求死在秦国，以向天下昭示大王的不讲信用。"这样，秦王未必就不退还和氏璧啊。而当时为什么要派随从怀揣着璧逃回赵国，使人们认为是秦国占理呢？那个时候，只是秦国还不想与赵国断绝关系罢了。如果秦王发怒，在市集上杀掉相如，派武安君带领十万大军逼近邯郸，责问和氏璧的下落和赵国为何失信，那么，秦国一次获胜就可以使相如灭族，两次获胜就使得和氏璧最终还是归入了秦国。

我因此说："蔺相如能使和氏璧得到保全，是天意啊！"至于他在渑池会上的强硬坚决，对廉颇的忍让团结，那是他处事应变的方式变得愈加多样而且运用得愈加巧妙了。因此赵国能够得以保全，是上天在偏袒它呀！

原文欣赏

蔺相如[1]之完璧，人皆称之，予未敢以为信也。

夫秦以十五城之空名，诈赵而胁其璧。是时言取璧者情也，非欲以窥赵也。赵得其情则弗予，不得其情则予，得其情而畏之则予，得其情而弗畏之则弗予。此两言决耳，奈之何既畏而复挑其怒也！

且夫秦欲璧，赵弗予璧，两无所曲直也。入璧而秦弗予城，曲在秦；秦出城而璧归，曲在赵。欲使曲在秦，则莫如弃璧，畏弃璧，则莫如弗予。夫秦王既按图以予城，又设九宾[2]，斋而受璧，其势不得不予城。璧入而城弗予，相如则前请曰："臣固知大王之弗予城也。夫璧非赵璧乎？而十五城秦宝也，今使大王以璧故，而亡其十五城，十五城之子弟皆厚怨大王以弃我如草芥也。大王弗予城而绐(dài)[3]赵璧，以一璧故，而失信于天下，臣请就死于国，以明大王之失信。"秦王未必不返璧也。今奈何使舍人怀而逃之，而归直于秦？是时秦意未欲与赵绝耳。令秦王怒，而戮(lù)[4]相如于市，武安君[5]十万众压邯郸，而责璧与信，一胜而相如族，再胜

而璧终入秦矣。吾故曰，蔺相如之获全于璧也，天也。若其劲渑池^⑥，柔廉颇^⑦，则愈出而愈妙于用。所以能完赵者，天固曲全之哉！

注释

① 蔺相如：战国时期赵国著名的政治家、外交家、军事家。② 九宾：指设傧相九人接待来使的隆重礼仪。③ 绐：欺诈。④ 僇：同"戮"。⑤ 武安君：即秦国名将白起，封武安君。⑥ 劲渑池：秦昭王与赵惠王会盟于渑池，秦王请赵王鼓瑟，以侮辱赵王。蔺相如请秦王击缶，秦王不肯，蔺相如就以刺杀相威胁。秦王无奈，只得勉强敲了一下缶。⑦ 廉颇：廉颇是赵国大将，与蔺相如不和。蔺相如处处回避与廉颇发生冲突，为的是赵国的安定稳固。后有人将此情况告诉廉颇，廉颇惭愧不已，负荆请罪。

写作技巧

文章写作思路

1. 首段

①开门见山，力排众说

②作者认为蔺相如"完璧归赵"不值得称道

2. 次段

①指出秦本意只想得到和氏璧，而非攻赵

②列举赵对强秦的两种选择和不同反应

③批评蔺相如既惧秦又激秦的矛盾做法

3. 尾段

①说明秦赵双方的做法都没有对与错

②指出蔺相如派随从怀揣和氏璧逃跑是失信行为

③指出蔺相如完璧的后果是族灭国破，失去和氏璧

④认为蔺相如能够保全和氏璧是天意

⑤又指出蔺相如对秦强硬对廉颇谦让是斗争策略

袁宏道

　　袁宏道，字中郎，号石公，公安（今属湖北）人。万历二十年（1592）进士，官至吏部主事、考功员外郎。在明代文坛上占有重要地位。与兄宗道、弟中道并称"三袁"，被称为"公安派"。他们反对复古运动，主张"独抒性灵，不拘格套"。著有《袁中郎集》。

徐文长传

　　徐渭，字文长，是山阴县的生员，声名很大，薛公蕙在浙江做试官的时候，对他的才华就非常赏识，视他为国士。然而他运气不好，屡次应试屡次落第。中丞胡公宗宪听说后，把他聘为幕僚。文长每次参见胡公，总是身着葛布衣，头戴乌巾，畅谈天下大事，胡公听后十分赞赏。当时胡公统率着几个防区的军队，威镇东南。顶盔披甲的武将在他面前，都跪着说话，在地上匍匐而不敢仰视。而文长以部下一个生员的身份，对胡公的态度却是如此傲慢，好议论的人都把他比作刘惔、杜甫一类的人物。恰逢胡公猎得一头白鹿，想要献给皇帝，便嘱托文长起草奏表，奏表呈上后，世宗看过非常高兴。胡公于是更加器重文长，所有的奏章公文，都交给他来起草。文长自认为有雄才伟略，好设奇谋险计，谈论兵事往往能切中要害。他恃才傲物，

49

觉得世间的事物没有能让他满意的，然而他竟终究是没有机会来施展抱负。

文长既然在科举考试上不得志，于是就放肆地饮酒，纵情于山水之间。他游历了齐、鲁、燕、赵等地，又饱览了塞北大漠的风光。他所看到的如同奔跑一样的山势，耸立而起的海浪、黄沙飞扬、云霞舒卷的景象，暴雨轰鸣、树木倒塌的状貌，乃至山谷的寂寥和都市的繁闹，还有那些形态各异的人、物、鱼、鸟，这一切令人惊愕的景象，他都一一写入了诗中。他胸中一直郁结着蓬勃奋发、不可磨灭的壮志和英雄无用武之地的悲凉。所以他的诗，像是发怒，像是嬉笑，像是大水轰鸣于峡谷，像是种子发芽破土而出，像是寡妇深夜啼哭、旅客寒夜梦醒。虽然他作的诗格律体裁时有不高明之处，然而却匠心独运，有王者之气，不是那

些像奴婢一样侍奉他人的诗人所能企及的。他作的文章蕴含着卓越的见解，气势沉着而法度严谨，不因为模仿他人而减损自己的才气，不因为发表议论而伤害文章的格调，他真是韩愈、曾巩一般的人物啊！文长雅量高致，不迎合时俗，对当时所谓的文坛领袖，他都是加以呵斥怒骂，所以他的文字没人推崇，名气也没有传出越地，这真是令人悲哀呀！

　　文长喜好书法，他用笔奔放有如他的诗，苍劲中另有一种妩媚的姿态跃然纸上，就像欧阳公所说的"妖娆的女子，即使老了仍然保存着未尽的风韵"一样。除了诗文书法以外，文长还对绘画花鸟有所涉猎，也都是超逸脱俗，别有情致。

　　后来，文长因疑忌而杀死了他的继室，被捕下狱后按律当死。太史张元汴极力营救，方得出狱。他晚年对世道的愤愤不平日益加深，佯装疯狂的情形也比以前更甚。达官显宦登门拜访，他时常拒而不见。他还时常带着钱到酒馆，叫那些下人奴仆同他一起饮酒。他曾自己拿斧头砍自己的脑袋，血流满面，头骨折断，用手揉搓可以听到响声。他还曾用锋利的锥子刺入自己的双耳，深入一寸有余，却竟然没有死。周望说文长晚年的诗文愈加奇异高妙，没有刻本传世，文集都藏在家中。我有在越地做官的科举同年，曾委托他们抄录文长的诗文，至今没有得到。我所见到的，只有《徐文长集》《阙编》两种而已。而今文长竟因为在当今世道中不能得志，抱愤而死。

石公说：徐文长先生命途多舛，致使他得了癫狂病。癫狂病不断发作，又导致他进了监狱。从古至今文人的牢骚怨愤和遭受到的困苦，没有像徐文长先生这样的了。虽然如此，仍有胡公这样隔几世才出一个的豪杰、世宗这样的英明皇帝赏识他。徐文长在胡公幕府中受到特殊礼遇，这说明胡公是了解先生的。奏表呈上以后，皇帝非常高兴，这说明皇帝知道有先生了。只是先生自身没有显贵起来罢了。先生诗文的崛起，一扫近代文坛杂乱、污秽的风气，百世之后，自有公论，又怎么能说他生不逢时，困厄不遇呢？

梅客生曾经写信给我说："文长是我的老朋友，他的病比他的人还要怪，他的人又比他的诗还要怪。"我则认为文长是没有一处地方不奇怪的人。正因为没有一处不奇怪，所以也就注定他到处不得志啊。令人悲哀呀！"

　　徐渭，字文长，为山阴诸生①，声名籍甚②。薛公蕙校越③时，奇其才，有国士之目。然数奇④，屡试辄蹶⑤(jué)。中丞胡公宗宪闻之，客诸幕。文长每见，则葛衣乌巾，纵谈天下事，胡公大喜。是时公督数边兵，威镇东南，介胄(zhòu)之士，膝语蛇行，不敢举头，而文长以部下一诸生傲之，议者方⑥之刘真长、杜少陵⑦云。会得白鹿，属文长作表，表上，永陵喜。公以是益奇之，一切疏计，皆出其手。文长自负才略，好奇计，谈兵多中，视一世事无可当意者。然竟不偶⑧。

　　文长既已不得志于有司，遂乃放浪曲蘖(niè)⑨，恣情山水，走齐、鲁、燕、赵之地，穷览朔漠。其所见山奔海立，沙起方行，雨鸣树偃(yǎn)，幽谷大都，人物鱼鸟，一切可惊可愕之状，一一皆达之于诗。其胸中又有勃然不可磨灭之气，英雄失路、托足无门之悲，故其为诗，如嗔如笑，如水鸣峡，如种出土，如寡妇之夜哭、羁人⑩之寒起。虽其体格时有卑者，然匠心独出，有王者气，非彼巾帼而事人者所敢望也。文有卓识，气沉而法严，不以摹拟损才，不以议论伤格，韩、曾之流亚也。文长既雅不与时调合，当时所谓骚坛主盟者，文长皆叱(chì)⑪而奴之，故其名不出于越，悲夫！

　　喜作书，笔意奔放如其诗，苍劲中姿媚跃出，欧阳公所谓"妖韶(sháo)女，老自有余态"者也。间以其余，旁溢为花鸟，皆超逸有致。

卒以疑杀其继室，下狱论死。张太史元汴力解，乃得出。晚年愤益深，佯狂益甚。显者至门，或拒不纳。时携钱至酒肆，呼下隶与饮。或自持斧击破其头，血流被面，头骨皆折，揉之有声。或以利锥锥其两耳，深入寸余，竟不得死。周望言晚岁诗文益奇，无刻本，集藏于家。余同年有官越者，托以钞录，今未至。余所见者，《徐文长集》《阙编》二种而已。然文长竟以不得志于时，抱愤而卒。

石公曰：先生数奇不已，遂为狂疾；狂疾不已，遂为<ruby>图圄<rt>líng yǔ</rt></ruby>。古今文人牢骚困苦，未有若先生者也。虽然，胡公间世⑫豪杰，永陵英主。幕中礼数异等，是胡公知有先生矣。表上，人主悦，是人主知有先生矣；独身未贵耳。先生诗文崛起，一扫近代芜秽之习，百世而下，自有定论，胡为不遇哉？

梅客生尝寄予书曰："文长吾老友，病奇于人，人奇于诗。"余谓文长无之而不奇者也。无之而不奇，斯无之而不奇也。悲夫！

注释

① 诸生：即生员，明清经过省级考试取入府、州、县学的学生。② 籍甚：盛大。③ 校越：掌管越地的考试。④ 数奇：命运不好。⑤ 蹶：原意跌倒，这里指考试不中。⑥ 方：比。⑦ 刘真长：刘惔，字真长，东晋名士。杜少陵：即杜甫，唐代诗人。⑧ 不偶：不得遇合。⑨ 曲蘖：酒曲。⑩ 羁人：客居异乡的人。⑪ 叱：怒喝。⑫ 间世：世上罕见。

写作技巧

文章写作思路

1.入
总写遭遇、性格奇怪、才能卓越

2.出
①重点写才能奇异
②诗文书画均如其人，狂放纵情，不同流俗

3.卒
①重点写徐文长杀继室导致下狱的遭遇
②佯狂自残，抱愤而死

4.评
①虽然命运多舛，但也曾被赏识
②唯一遗憾就是身份未能显贵

5.议
①感慨徐文长因奇怪而到处不得志
②"悲夫"一叹，饱含深深的惋惜和同情

图书在版编目（CIP）数据

藏在古文观止里的那些事儿：思维导图彩绘版．⑩，明文 / 新新世纪编 . -- 五家渠：新疆生产建设兵团出版社，2022.3

ISBN 978-7-5574-1782-6

Ⅰ．①藏… Ⅱ．①新… Ⅲ．①古典散文－散文集－中国②《古文观止》－青少年读物 Ⅳ．① H194.1-49

中国版本图书馆 CIP 数据核字（2022）第 032744 号

责任编辑：吴秋明

藏在古文观止里的那些事儿：思维导图彩绘版．⑩，明文

出版发行	新疆生产建设兵团出版社	
地　　址	新疆五家渠市迎宾路 619 号	
邮　　编	831300	
电　　话	0994-5677185	
发　　行	0994-5677116	
传　　真	0994-5677519	
印　　刷	三河市双升印务有限公司	
开　　本	710 毫米 ×1000 毫米　1/16	
印　　张	35	
字　　数	30 千字	
版　　次	2022 年 3 月第 1 版	
印　　次	2022 年 4 月第 1 次印刷	
书　　号	ISBN 978-7-5574-1782-6	
定　　价	198.00 元	